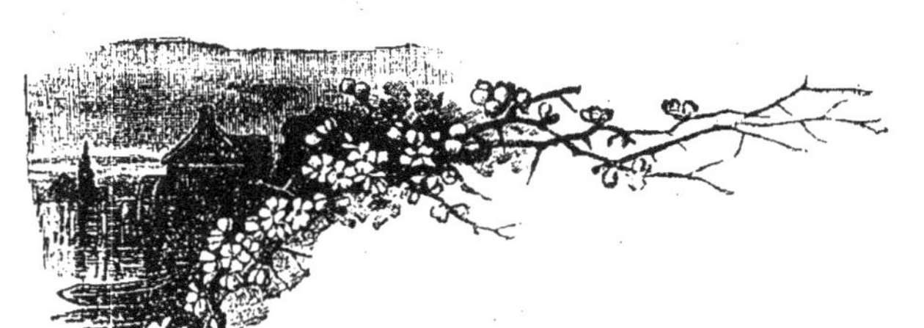

Le P. RONCY

VERS MADAGASCAR

LA MISSION D'ANALALAVA

FLERS-DE-L'ORNE

IMPRIMERIE FRECOUR, 24, RUE DE LA MAIRIE

—

1902

VERS MADAGASCAR

LA MISSION D'ANALALAVA

LETTRE

du R. P. RONCY, Missionnaire à Madagascar

adressée à M. l'Abbé MACÉ

Chanoine honoraire, Curé-Doyen d'Athis (Orne)

Monsieur le Doyen et très cher Ami,

Je vous ai promis, dans ma visite d'adieu, de noter, pour vous les transmettre, mes principales impressions de voyage et surtout mes observations de Missionnaire. Je n'ai garde d'oublier ma promesse. C'est du reste une consolation bien douce à mon cœur de m'entretenir ainsi avec vous et, par vous, avec tous mes amis de France. C'est aussi un devoir de reconnaissance envers les bienfaiteurs de ma Mission.

Voici, en forme de journal crayonné jour par jour, les plus importants détails de notre longue traversée et les premières nouvelles de mon installation à Madagascar.

10 Septembre 1901 — **A bord de l'« Iraouaddy. »**

Nous partons de Marseille, après un pèlerinage au Sanctuaire de Notre-Dame de la Garde, où nous avons uni, dans nos supplications, le nom de la France que nous quittons et de la Grande Île que nous allons évangéliser. Les souvenirs se pressent dans nos cœurs avec un sentiment inexprimable de tendresse, à mesure que disparaît à nos yeux la terre de la patrie. Adieu parents et amis, toujours si chers !

11-13 Septembre.

La mer est splendide. Jusqu'ici aucune trace des inconvénients si redoutés des passagers novices. Notre bateau est un petit monde où une population dense et bigarrée se coudoie et se croise dans d'étroites frontières : des hommes politiques (entre autres M. Brunet, député de la Réunion), des administrateurs, des prêtres, des religieux, des noirs regagnant leur pays, de jeunes colons, des marchands, des touristes, etc., etc.

Nous pouvons dire la messe à bord, avec quelque difficulté les premiers jours, mais on s'habitue vite aux mouvements du bateau.

14 Septembre.

Nous voici dans la mer Ionienne ; elle est pour nous moins hospitalière que la Méditerranée. Notre paquebot est fortement ballotté par le vent. La plupart des passagers font connaissance avec le mal de mer. Mon compagnon, le P. Samuel, n'échappe pas au sort commun, et, comme toujours, il ne fait pas les choses à demi..... Je résiste plus longtemps aux atteintes du fléau, mais, moi aussi, je suis obligé..... de vous fausser compagnie.

17 Septembre. — **En face de Port Saïd.**

Nous devions descendre dans cette ville, mais, comme il y a des cas de peste, paraît-il, le capitaine a fait jeter l'ancre au large et déclarer le bateau en quarantaine, afin de pouvoir refuser tout visiteur venant de Port-Saïd ; une seule exception aurait pu nous faire mettre en quarantaine sérieuse à notre arrivée à Madagascar.

Nous apercevons quelque chose de la ville, à peu près ce que nous avons vu de Lyon de la ligne du chemin de fer : des becs de gaz ou des becs électriques.

19 Septembre. — **La Mer Rouge.**

Sans aucun doute, vous priez et faites prier beaucoup pour nous ; peut-être trop, car vous nous obtenez une température splendide qui fait de notre course un voyage d'agrément. Un peu plus, vous nous enlèveriez notre mérite en éloignant de nous toute souffrance.

Au fait, continuez vos prières, s'il vous plaît ; j'ai trouvé toujours plus agréable de remercier le bon Dieu pour les agréments qu'il accorde que pour les souffrances qu'il envoie. Je ne suis pas encore arrivé à la perfection.

La température est élevée, mais n'approche pas de ce qu'on nous avait fait craindre. Dans le canal de Suez, avec la réverbération des sables du désert, le thermomètre n'est pas monté au-dessus de 32° ; les nuits, il est vrai, sont énervantes ; à 5 heures du matin, nous avions encore 28°, mais enfin, jusqu'ici, c'est une fatigue d'excursion, ce n'est point une vraie souffrance.

20 Septembre.

Je triomphais trop tôt hier de la température relativement supportable ; voilà que la Mer Rouge veut rétablir sa réputation. Aujourd'hui, de midi à 2 heures, chacun cherche en vain un peu de brise ; même sur le pont, on ne respire que de l'air chaud.

Pendant la nuit, le thermomètre s'est maintenu presque à la même hauteur que dans l'après-midi d'hier. Quoique j'eusse fait monter mon lit sur le pont, comme beaucoup d'autres passagers, je n'ai pu dormir. Je l'ai cédé à un excellent Père Jésuite, ancien curé du diocèse de Mende, qui est entré l'année dernière dans la Compagnie, à l'âge de 40 ans. Il se rend à l'île Maurice. Il me console un peu de ma destination tardive aux Missions Etrangères; car, franchement, sans me flatter, même sans tenir compte de ses aimables félicitations sur mon air de jeunesse (???), je suis obligé de convenir que tout juge impartial appelé à prononcer *de visu* lequel de nous deux est le plus âgé, désignerait, sans hésiter, le Père Jésuite. Et pourtant, il a dix ans de moins que moi !

25 Septembre. — L'Océan Indien

Nous voici dans l'hémisphère austral depuis douze heures environ. Nous avons passé la ligne sans baptème, par la raison, nous dit un vieux marin, que « le père Tropique avait manqué le paquebot ».

A Djibouti, comme il y avait cinq heures d'arrêt, le P. Samuel avec un autre père du Saint-Esprit, a pris une barque et est allé voir le port, le marché indigène, etc. surtout il désirait retrouver pour un moment la terre ferme ; l'élément liquide, malgré ses charmes, ne saurait nous faire oublier un sol plus solide. Moi, je suis resté paisiblement sur le bateau me réservant pour Zanzibar où il y aura un arrêt d'un jour entier et où j'espère retrouver la tombe de mon condisciple, le cher Père Barbot (1).

A chaque arrêt, notre paquebot est immédiatement entouré d'une foule de nègres. Il y en a à droite, à gauche, en avant, en arrière. Ils demandent qu'on leur jette une pièce de monnaie qu'ils vont, en plongeant, recueillir au fond de la mer. A Djibouti, j'ai admiré leur flair, presque parisien, pour deviner la nationalité des passagers. Ainsi, une société d'Anglais et d'Anglaises se disposait à aller à terre. A peine les premières personnes

____

(1) Le R. P. Barbot, né à Ste-Marie-Laumont (Calvados) le 31 décembre 1846, devenu Missionnaire d'Alger ou Père blanc, est mort à Zanzibar, il y a une douzaine d'années.

sont-elles descendues dans la barque, que, de toutes parts, on entend retentir de joyeux *oh ! yes, oh ! yes ! ! !* et, lorsque la barque s'achemine vers le port, de véritables grappes humaines se cramponnent à ses parois et partout retentissent bien sonores les *oh ! yes, oh ! yes.* La canne d'un gentleman les chasse d'un côté, elles se reforment immédiatement de l'autre. Bref, le seul moyen que l'on trouve de les éloigner, c'est de jeter une pièce de monnaie à dix mètres en arrière de la barque. Alors, tous plongent à la fois et disparaissent en un instant sous les flots, jusqu'à ce que l'un d'eux la rapporte tout fier entre ses dents. Les autres reparaissaient successivement, un peu penauds, mais non découragés ; ils recommencent leur manège.

C'est là, me dit-on, pour ces nègres, le principal moyen d'existence, avec le commerce des cigarettes, (100 pour 10 sous,) de cartes postales, etc. qu'ils viennent vendre sur le pont des bateaux.

2 Octobre. — **Zanzibar**

Nous sommes descendus à Zanzibar, ville de soixante à quatre-vingt mille habitants. Nous avons été reçus comme des frères par les Pères du St-Esprit et par les Pères d'Alger auxquels nous avons fait visite. Nous sommes allés dans la soirée au cimetière, à 3 kilomètres de la ville et j'ai eu la consolation de prier sur la tombe du cher Père Barbot. Nous étions accompagnés par un compatriote, le P. Leconte de Caligny. Il a été d'une amabilité charmante.

Après la visite au cimetière, il nous a conduits près de là, dans une propriété qui appartient à sa Mission. Il fait très chaud, un rafraîchissement ferait du bien. Je jette un regard d'envie sur un magnifique cocotier dont les branches sont chargées de fruits mûrs. Mais le tronc

est lisse comme celui d'un cerisier et il y a dix mètres
au moins entre le sol et les branches. Le F. Leconte
fait signe au métayer, un Malgache très intéressant, qui,
en un rien de temps, grimpe sur l'arbre et nous rapporte
trois superbes noix de coco qui nous donnent sept ou huit
litres d'un breuvage très désaltérant.

5 Octobre

Nous n'avons fait que toucher à Majunga, sans nous
y arrêter, à cause des fièvres qui y règnent en ce
moment.

Nous voguons vers Nossi-Bé.

7 *Octobre.* — **Nossi-Bé**

Nous venons d'arriver à Hellville, capitale et principal port de l'île.

C'est une situation charmante : belle église comme
il n'y en a pas dans tous les chefs-lieux de canton de
Normandie, joli presbytère, une école de Frères, une
école de Sœurs, un hôpital tenu par des Religieuses.
Tout le pays est très pittoresque. Hellville, fondée par
Hell, gouverneur de la Réunion, est une ville très
agréable, presque Européenne, avec son éclairage au
gaz, ses rues numérotées, spécialement la belle rue
Galliéni, ses places, ses promenades plantées de beaux
arbres . . .

Mais ces agréments ne sont pas pour nous. Nous
apprenons, en effet, dès notre arrivée que, dans une
quinzaine de jours, notre Evêque, Mgr Corbet, Vicaire
apostolique de Madagascar-Nord, en résidence à Diégo-
Suarez, viendra nous prendre et nous conduire à Analalava, sur la côte Nord-Ouest de la Grande Ile. Vous
voyez : nous avions tort de craindre que les choses traî-
nassent en longueur, c'est plutôt le contraire qui arrive.

Et moi qui avais compté sur un séjour assez prolongé à Nossi-Bé, pour apprendre la langue Malgache ! A la grâce de Dieu !

14 Octobre. — **Nossi-Bé**

Hier soir, promenade dans la brousse, en compagnie d'une douzaine de petits noirs, enfants de la Mission. Nous sommes allés voir la vigie d'Hellville. Nous avons d'abord traversé le village d'Andavokorono, (village aux crabes,) ainsi nommé à cause des crabes nombreux qui habitent sous les huttes. Celles-ci sont bâties sur pilotis, la mer y arrive à marée haute, et ainsi les habitants (cinq à six cents personnes) se trouvent deux fois par jour entourés par les flots. Heureusement, dans cette baie, jamais de tempêtes, autrement les huttes seraient certainement renversées.

De là, nous avons escaladé par un sentier très étroit une suite de collines fort escarpées. La terre y est couverte d'herbes très dures ; ça et là quelques broussailles. De temps à autre, on aperçoit les traces d'une rizière, et, comme cette année tout a été dévoré par les sauterelles, on voit toutes les racines plus ou moins complètement rongées, telles que les terribles insectes les ont laissées.

De place en place la terre est complètement dénudée et tellement chargée d'une sorte de rouille qu'en la regardant d'Hellville, je me figurais être en présence de champs de sarrazin complètement mûr, fugitive illusion de la Basse-Normandie.

16 Octobre

Monseigneur Corbet nous arrive aujourd'hui. Il y a une heure, un coup de canon nous a avertis que son vaisseau est en vue. La population se porte en masse sur le quai, la Mission en tête, bien entendu, au grand complet. Une décharge d'artillerie salue le prélat à son débarquement ; il est complimenté par le Gouverneur. Nous recevons à genoux sa bénédiction, puis il nous donne l'accolade fraternelle. Monseigneur fait à ses nouveaux Missionnaires un accueil charmant qui me touche profondément. Dès la première minute notre cœur lui est acquis. Sa grande bonté nous met à l'aise comme si nous avions toujours vécu en enfants aimés sous son regard paternel.

Dans deux jours nous devons quitter Nossi-Bé pour nous rendre à Analalava, le poste qui nous est définitivement destiné.

20 Octobre. — **Analalava**

En touchant cette terre africaine, portion de l'héritage du Seigneur que je suis venu chercher si loin et que je dois désormais cultiver, je me prosterne à deux genoux, m'offrant de nouveau à Dieu avec toute la générosité dont je suis capable, le conjurant de bénir mon apostolat auprès de ces âmes si nombreuses et si dignes d'intérêt que sa Providence me confie.

27 Octobre. — **Analalava**

Me voici donc depuis huit jours installé dans ma Mission, ou paroisse, si vous aimez mieux. Je ne sais vraiment trop analyser les émotions qui remplissent mon âme et les sentiments qui dominent mon cœur : est-ce le bonheur à la vue du bien qu'un Missionnaire peut faire ici ? est-ce l'étonnement et l'appréhension à la vue de la responsabilité qui m'incombe ?... Missionnaire nouveau, dans une station nouvelle, je me sens bien faible devant une tâche immense.

J'ai été accueilli avec la plus grande cordialité. Les familles européennes et créoles établies à Analalava depuis deux ou trois ans (auparavant il n'y avait ici qu'une côte à peu près déserte), désiraient on ne peut plus vivement la Mission. Le commandant Le Creux avait trouvé une case relativement grande et l'avait fait nettoyer pour en faire une église provisoire. Près de là une autre case plus petite nous fournit deux chambres et une cuisine.

Dimanche dernier, notre église était pleine aux offices, l'assistance était de plus de deux cents personnes. Pendant la semaine, j'ai eu, le matin de 6 heures à 7 heures et le soir de 7 h. 30 à 8 h. 30, au moins soixante enfants qui sont venus chaque jour apprendre quelques lignes de catéchisme ou de prières et quelques refrains de cantiques, en français, bien entendu.

C'est le côté consolant de la situation ; mais il y a un revers de médaille : je suis effrayé de la pénurie de nos ressources en face des besoins immenses de la Mission ; tout est à créer.

Analálava, avec son port commode et sa situation bien choisie, est une station d'un grand avenir, elle s'agrandit de jour en jour. Elle a déjà près de deux kilomètres de long et des maisons se bâtissent partout. Impossible en ce moment de trouver des ouvriers pour confectionner un autel dont notre église est encore dépourvue, car tous sont surmenés, à la veille de la saison des pluies, pour achever les bâtiments en construction qui seraient inévitablement enlevés, s'ils n'étaient pas couverts avant la venue des orages.

Notre petite ville est à la tête d'un district grand comme plusieurs de nos départements, et renfermant environ 40000 habitants ; voilà notre paroisse et nos paroissiens.

Pendant la saison des pluies nous devrons nous

occuper de la ville même, du village d'Ambanikély, situé tout près et contenant cinq à six cents habitants. Ce sont des Hovas, la plupart Méthodistes, mais actuellement sans pasteur protestant ; ils semblent assez disposés à étudier la religion catholique. Parmi eux, il se trouve quelques familles catholiques, venues de l'Imérina, baptisées et instruites par les Pères Jésuites.

A l'autre extrémité d'Analalava il y a aussi quelques Sakalaves ; un peu plus loin, un petit village d'Africains établis au bord de la mer.

Après la saison des pluies, nous devrons voyager à tour de rôle, le P. Samuel et moi, dans l'intérieur des terres, pour visiter les principaux centres et y gagner des âmes à Jésus-Christ.

Monseigneur Corbet nous a adjoint, comme attaché à notre Mission, un Catéchiste âgé de 43 ans. Non seulement il nous aidera pour l'installation matérielle, mais il nous sera d'un grand secours dans nos courses apostoliques à l'intérieur, car il connaît les différents idiomes. Nous n'aurons pas à faire la classe nous-mêmes ; on vient, en effet, d'installer dans notre petite ville une école normale pour former des instituteurs hovas.

13 Novembre. — **Analalava**

Les Hovas du village voisin, dont je vous ai dit un mot ci-dessus, me donnent une consolation plus prompte et plus complète que je ne pouvais l'espérer. Non seulement ils m'ont envoyé leurs enfants au catéchisme, mais le chef Hova vient de fermer le temple protestant et de faire transporter les bancs et les chaises dans mon église afin que ces places lui soient réservées à lui et à ses compatriotes. Beaucoup disent carrément qu'ils sont protestants parce qu'ils n'ont pas été à même de connaître la religion catholique : ils veulent l'étudier.

Il est convenu avec eux que je leur ferai trois conférences par semaine, et j'ai déjà commencé.

Mais ce n'est guère commode de faire des conférences dans une langue que j'ébauche à peine. J'avais travaillé un peu la langue sakalave et voilà que je dois parler aussi le hova ; c'est une étude nouvelle. En attendant que je sois « ferré » en malgache, voici la méthode que j'emploie : j'écris en français une explication de deux ou trois pages sur un point de doctrine catholique ; puis à l'aide d'un dictionnaire et d'une grammaire, je fais un thème plus ou moins correct, et, sans apprendre absolument par cœur, ce qui serait difficile, je répète ma conférence jusqu'à ce que je sois en état de la donner publiquement en jetant un coup d'œil sur mon papier.

Dimanche, j'ai demandé à mes auditeurs s'ils m'avaient compris, ils ont répondu affirmativement. L'un d'eux a même ajouté : « Au moins ici, on nous parle hova et non pas sakalave. A la bonne heure ! »

Vous devinez combien ces conférences, faites dans de telles conditions, me demandent de travail. Mais je suis plein d'entrain, Dieu merci. Ma santé s'est très bien maintenue jusqu'ici ; à part les moustiques qui viennent nous importuner, il faut en convenir, d'une manière désagréable, je n'ai pas encore ressenti les inconvénients du climat. Cela viendra sans doute, en attendant, je suis bien soutenu et encouragé par l'excellent accueil qu'on nous fait et par les heureuses dispositions que nous rencontrons chez les habitants du pays, à quelque nationalité qu'ils appartiennent.

Mais, pour profiter de ces circonstances favorables et enlever la situation, il nous faudrait des ressources importantes. Notre petite colonie est animée de la meilleure volonté ; j'ai déjà reçu plusieurs offrandes pour décorer un peu la pauvre case qui nous sert d'église.

L'intention du Commandant et celle des colons serait

de construire, au mois d'avril, une église en pierres pouvant rivaliser au moins avec les maisons habitées par les blancs. Ils comprennent qu'il ne faut pas, aux yeux des indigènes, que la religion semble occuper le dernier rang : la Maison de Dieu doit au moins égaler, sinon dépasser en grandeur et élégance, les habitations de ceux qui s'y réunissent pour l'adorer.

Mais les colons, si bien disposés soient-ils, sont encore peu nombreux et ne peuvent faire l'impossible. Alors je tourne mes regards vers mes amis de France. Ne pourraient-ils pas recueillir autour d'eux la somme d'argent qui nous serait si utile ? Ce serait faire acte de bons chrétiens et aussi de bons Français. Tout ce qui relève la religion catholique aux yeux des indigènes contribue par là même à les rattacher à la mere patrie. « C'est un fait évident ici, m'ont dit déjà plusieurs « fois des hommes bien placés pour le savoir : la propa- « gande protestante, pour laquelle les sociétés anglicanes « n'épargnent aucune dépense, est une propagande anti- « française ; la mission catholique, au contraire, en don- « nant aux populations indigènes la vérité religieuse, « leur inspire en même temps l'amour de la France. »

Avec l'argent que vous voudrez bien recueillir, je vous serai reconnaissant de m'envoyer aussi (je ne doute pas que vous ne trouviez de bonnes occasions, en me recommandant à la charité de vos confrères) toutes sortes d'objets pouvant servir aux cérémonies du culte, par exemple, des soutanelles rouges ou violettes pour enfants de chœur, quand même elles seraient défraîchies ou trop usées pour paraître dans vos églises de Normandie. Nous saurons bien en faire usage ici ; elles feront bon effet, soyez-en sûr ; des surplis, des calottes, que vous seriez tentés de mettre au rebut. Je ne parle pas des bas ni des sandales ; ils n'auraient chez nous aucune utilité ; tous les indigènes vont toujours pieds nus, même

les dames drapées dans leurs riches vêtements flot-
tants.

Dans la pénurie où nous sommes, les deux ornements d'occasion, blanc et rouge, que m'a donnés M. le
vicaire de Sainte-Anne-de-Vire, nous sont très précieux ;
d'autres ornements de ce genre garniraient un peu notre
embryon de sacristie. Si une bonne âme pouvait m'envoyer, pour compléter ma chapelle portative, un orne-
ment double, très simple et très léger, couleur noire
d'un côté et violette de l'autre, elle ferait un heureux et
mériterait toute ma reconnaissance.

Voilà, mon cher ami, une longue lettre, trop longue
puisqu'elle se termine par une demande d'argent. Je ne
m'en excuse point, car je connais votre bienveillance et
votre générosité, la bienveillance et la générosité de tous
mes amis à qui je l'adresse par votre intermédiaire.

Il m'est bien doux de correspondre avec eux. Je
sens vivement la vérité de cette parole dont on peut
douter quand on jouit de la présence de ceux qu'on aime,
mais qui est évidente pour ceux que l'éloignement sépare :
« les distances resserrent les liens du cœur ». Or, 6000
kilomètres me séparent de vous, vous pouvez juger s'il
me sera doux de recevoir des lettres de France.

Vous, vous pourrez m'entretenir du cher pays natal,
du moulin du Pont de Taillebois, où s'écoula mon en-
fance, de votre bon cousin M. Amiard, qui fut mon
premier maître et l'instrument de ma vocation ; du ma-
noir de la Josserie où nous nous revoyions chaque
année pendant les vacances chez les parents de mon
cher condisciple l'abbé P. Bernier. Si le temps vous
manque pour m'en écrire long, envoyez-moi une de vos
petites brochures, surtout celle que vous prépariez sur
Athis.

Votre ami tout affectionné en N. S.

Tн. RONCY,
Missionnaire à Analalava (Madagascar).

Prière d'adresser les offrandes à :

M. l'Abbé MACÉ, Chanoine honoraire, Curé-Doyen d'Athis (Orne).

M. l'Abbé AUGER, Vicaire à Sainte-Anne, Vire (Calvados).

Mme Charles LE MONNIER, à Tinchebray (Orne).

Mme VILLETTE, rue du Calvados, à Flers.

Mme CHAPLAIN, rue Blin, à Flers.